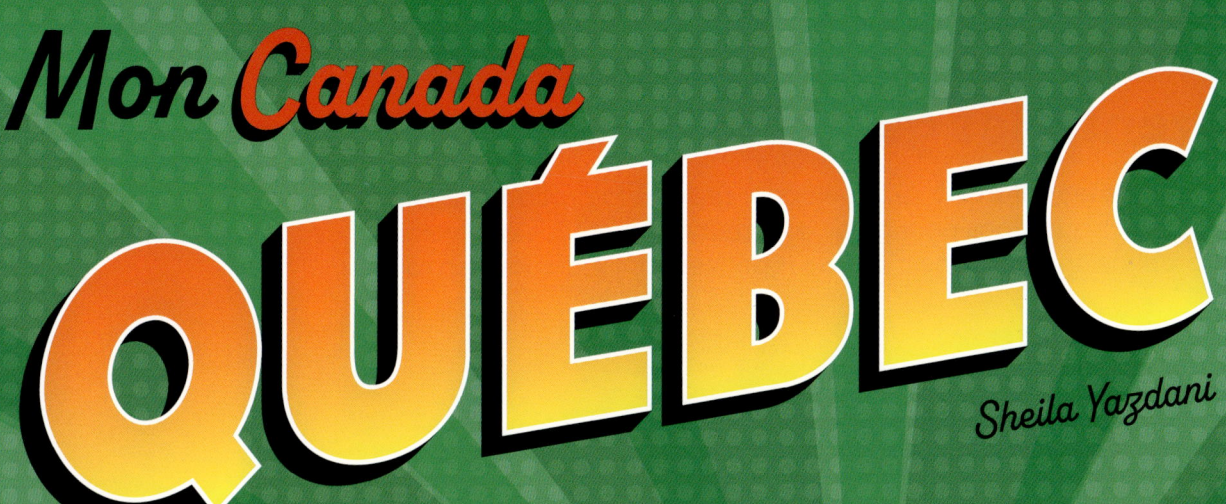

Mon Canada

QUÉBEC

Sheila Yazdani

TABLE DES MATIÈRES

Québec 3

Glossaire 22

Index 24

Un livre de la collection
Les jeunes plantes de Crabtree

Crabtree Publishing
crabtreebooks.com

Soutien de l'école à la maison pour les parents, les gardiens et les enseignants.

Ce livre aide les enfants à se développer grâce à la pratique de la lecture. Voici quelques exemples de questions pour aider le lecteur ou la lectrice à développer ses capacités de compréhension. Les suggestions de réponses sont indiquées en rouge.

Avant la lecture

- Qu'est-ce que je sais du Québec?
  - *Je sais que le Québec est une province.*
  - *Je sais que le français est la langue officielle du Québec.*

- Qu'est-ce que je veux apprendre sur le Québec?
  - *Je veux savoir quelles personnes célèbres sont nées au Québec.*
  - *Je veux savoir à quoi ressemble le drapeau de la province.*

Pendant la lecture

- Qu'est-ce que j'ai appris jusqu'à présent?
  - *J'ai appris que la ville de Québec est la capitale du Québec.*
  - *J'ai appris que la ville de Québec a été fondée par Samuel de Champlain en 1608.*

- Je me demande pourquoi…
  - *Je me demande pourquoi la fleur de la province est l'iris versicolore.*
  - *Je me demande pourquoi le Québec cultive autant de bleuets.*

Après la lecture

- Qu'est-ce que j'ai appris sur le Québec?
  - *J'ai appris que tu peux skier au Mont-Tremblant.*
  - *J'ai appris que l'oiseau de la province est le harfang des neiges.*

- Lis le livre à nouveau et cherche les mots de vocabulaire.
  - *Je vois le mot **capitale** à la page 6 et le mot **fjord** à la page 16. Les autres mots de vocabulaire se trouvent aux pages 22 et 23.*

J'habite à Gatineau. Ma ville est près de la rivière des Outaouais.

Je peux voir la colline du **Parlement** de l'autre côté de la rivière!

Québec est une **province** dans le nord-est du Canada. La **capitale** est la ville de Québec.

Fait intéressant : Montréal est la plus grande ville du Québec.

L'animal de la province est le harfang des neiges.

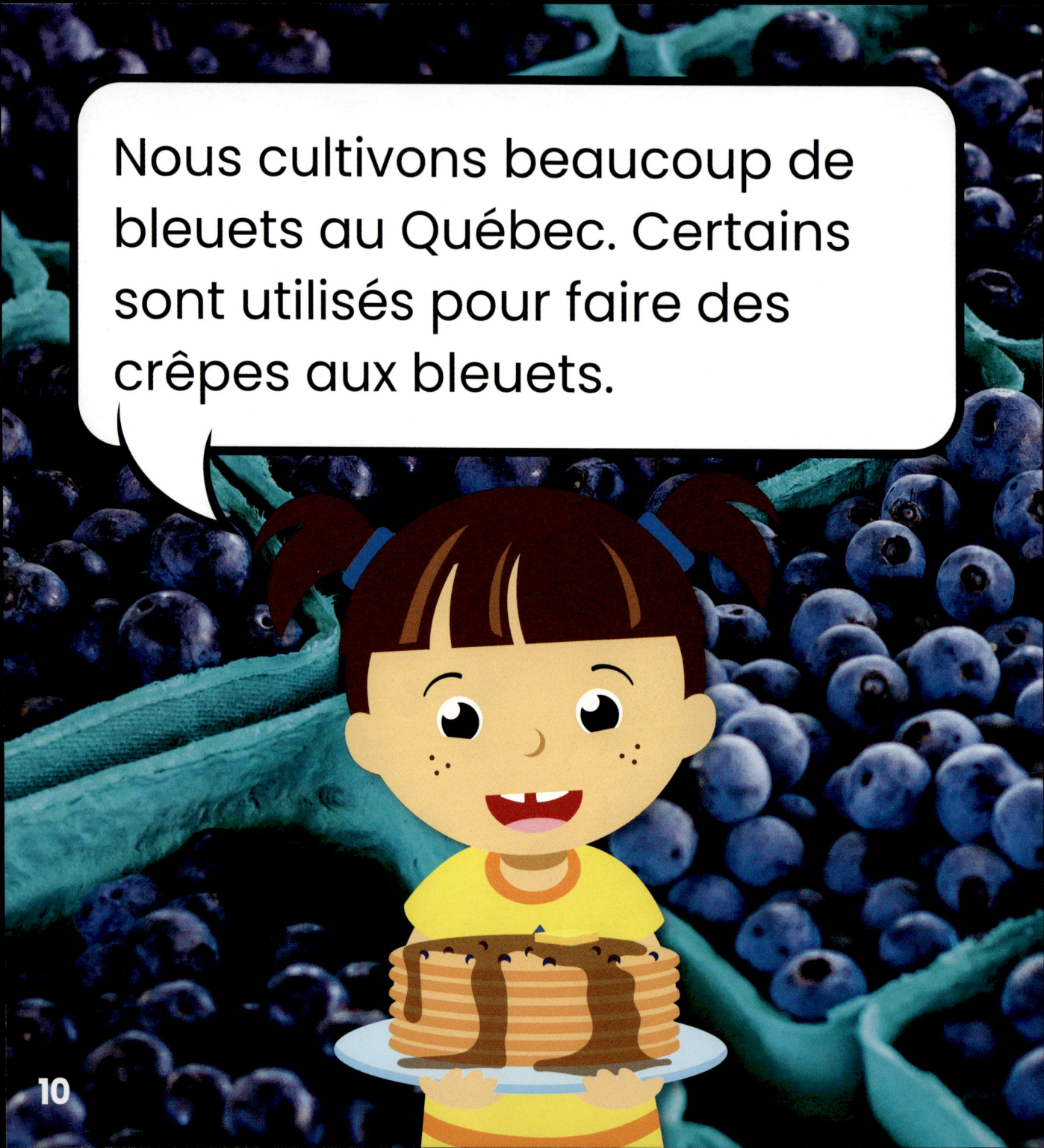

Fait intéressant : Le Québec cultive plus de 54 millions de kilogrammes (120 millions de livres) de bleuets par année.

Le drapeau de ma province est bleu avec une croix blanche. Il y a quatre **fleurs-de-lis**.

Ma famille aime regarder le CF Montréal jouer au soccer.

Fait intéressant : La ville de Québec a été **fondée** par Samuel de Champlain en 1608.

Parfois je peux voir des baleines dans le **fjord** du Saguenay.

Ma famille s'amuse à patiner au Vieux-Port de Montréal.

L'acteur Yanic Truesdale est né au Québec. Le combattant d'arts martiaux mixtes Georges Saint-Pierre est aussi né au Québec.

Fait intéressant : Pierre Elliott Trudeau, ancien premier ministre du Canada, est né à Montréal, Québec.

J'aime voir les léopards des neiges au Zoo de Granby.

Glossaire

capitale (ka-pi-tal) : La ville où se trouve le gouvernement d'un pays, d'un état, d'une province ou d'un territoire

fjord (fyor) : Une étendue d'eau longue et étroite avec des parois abruptes ou des falaises

fleurs-de-lis (fleur de li) : Symboles ressemblant à une fleur de lys

 **fondée** (fon-day) : Du verbe fonder: Créer ou mettre en place

 **Parlement** (par-loe-man) : Le groupe de personnes qui élabore les lois d'un pays

 **province** (pro-vins) : Au Canada, comme dans certains pays, c'est une des grandes zones qui le divise

Index

bleuets 10, 11
Petit-Champlain 14
rivière des Outaouais 4
skier 21
Truesdale, Yanic 18
ville de Québec 6, 15

À propos de l'auteure

Sheila Yazdani vit en Ontario, près des chutes Niagara, avec son chien Daisy. Elle aime voyager à travers le Canada pour découvrir son histoire, ses habitants et ses paysages. Elle adore cuisiner les nouveaux plats qu'elle découvre. Sa gâterie favorite est la barre Nanaimo.

Autrice : Sheila Yazdani
Conception et illustration : Bobbie Houser
Développement de la série : James Earley
Correctrice : Melissa Boyce
Conseils pédagogiques : Marie Lemke M.Ed.
Traduction : Claire Savard

Photographies :
Alamy: IanDagnall Computing: p. 15, 23; Tim Graham: p. 19
Shutterstock: Diego Grandi: cover; JHVEPhoto: p. 3; Henryk Sadura: p. 4; Facto Photo: p. 5, 23; Media Guru: p. 6, 22-23; f11photo: p. 7; Jim Cumming: p. 8; wjarek: p. 9; Bryan Pollard: p. 10-11; Krasula: p. 11; railway fx: p. 12, 22; lev radin: p. 13; Kristi Blokhin: p. 14-15; M. Etcheverry: p. 16, 22; meunierd: p. 17; DFree: p. 18 left; Featureflash Photo Agency: p. 18 right; Anne Richard: p. 20; Vlad G: p. 21

Crabtree Publishing

crabtreebooks.com   800-387-7650
Copyright © 2025 Crabtree Publishing
Tous droits réservés. Aucune partie de cette publication ne doit être reproduite ou transmise sous aucune forme ni par aucun moyen, électronique, mécanique, par photocopie, enregistrement ou autrement, ou archivée dans un système de recherche documentaire, sans l'autorisation écrite de Crabtree Publishing Company. Au Canada : Nous reconnaissons l'appui financier du gouvernement du Canada par l'entremise du Fonds du livre du Canada pour nos activités de publication.

Imprimé aux États-Unis/062024/CG20240201

Publié au Canada
Crabtree Publishing
616 Welland Avenue
St. Catharines, Ontario
L2M 5V6

Publié aux États-Unis
Crabtree Publishing
347 Fifth Avenue
Suite 1402-145
New York, New York, 10016

Library and Archives Canada Cataloguing in Publication
Available at Library and Archives Canada

Library of Congress Cataloging-in-Publication Data
Available at the Library of Congress

Paperback: 978-1-0398-4345-5
Ebook (pdf): 978-1-0398-4358-5
Epub: 978-1-0398-4371-4
Read-Along: 978-1-0398-4384-4
Audio: 978-1-0398-4397-4